FE PARA EL CAMINO

FE PARA
EL CAMINO

MEDITACIONES DIARIAS PARA

UNA CONFIANZA FIRME EN DIOS

CHARLES R.
SWINDOLL

Tyndale House Publishers, Inc.
Carol Stream, Illinois, EE. UU.

Visite Tyndale en Internet: www.tyndaleespanol.com y www.BibliaNTV.com.

TYNDALE y el logotipo de la pluma son marcas registradas de Tyndale House Publishers, Inc.

Fe para el camino: Meditaciones diarias para una confianza firme en Dios

© 2015 por Charles R. Swindoll. Todos los derechos reservados.

Originalmente publicado en inglés en el 2014 como *Faith for the Journey: Daily Meditations on Courageous Trust in God* por Tyndale House Publishers, Inc., con ISBN 978-1-4143-9983-6.

Ilustración de la portada por Compass © Oleg Iatson/Shutterstock. Todos los derechos reservados.

Fotografía del autor tomada por Edmonson Photography © 2010. Todos los derechos reservados.

Diseño: Alberto C. Navata Jr.

Traducción al español: Raquel Monsalve

Edición del español: Mafalda E. Novella

Publicado en asociación con Yates & Yates, LLP (www.yates2.com).

El texto bíblico sin indicación ha sido tomado de la *Santa Biblia,* Nueva Traducción Viviente, © Tyndale House Foundation, 2010. Usado con permiso de Tyndale House Publishers, Inc., 351 Executive Dr., Carol Stream, IL 60188, Estados Unidos de América. Todos los derechos reservados.

Versículos bíblicos indicados con NVI han sido tomados de la Santa Biblia, Nueva Versión Internacional,® NVI.® © 1999 por Biblica, Inc.® Usado con permiso. Todos los derechos reservados mundialmente.

Versículos bíblicos indicados con RVR60 han sido tomados de la versión Reina-Valera © 1960 Sociedades Bíblicas en América Latina; © renovado 1988 Sociedades Bíblicas Unidas. Usado con permiso. Reina-Valera 1960® es una marca registrada de la American Bible Society, y puede ser usada solamente bajo licencia.

Versículos bíblicos indicados con LBLA han sido tomados de LA BIBLIA DE LAS AMERICAS®, © 1986, 1995, 1997 por The Lockman Foundation. Usado con permiso.

Library of Congress Cataloging-in-Publication Data

Swindoll, Charles R.
  [Abraham. Selections. Spanish]
  Fe para el camino : meditaciones diarias para una confianza firme en Dios / Charles R. Swindoll.
    pages cm
  ISBN 978-1-4964-0640-8 (leatherlike)
  1. Trust in God—Christianity—Meditations. 2. Faith—Meditations.
3. Abraham (Biblical patriarch) I. Title.
  BV4637.S9518 2015
  222'.11092—dc23   2015016692

Impreso en China

Printed in China

21	20	19	18	17	16	15
7	6	5	4	3	2	1

CONTENIDO

Introducción

Aprovechar el momento, encontrar el final de la
jornada en cada paso del camino, vivir el mayor
número de buenas horas, es sabiduría. [. . .]
Puesto que solo podemos vivir un momento a
la vez, seamos los que gobiernan esos momentos.

RALPH WALDO EMERSON

Tendemos a pensar en la fe como en algo que necesitamos solamente cuando el futuro se presenta incierto. Después de todo, cuando nuestra carrera es prometedora, cuando tenemos bastante dinero en el banco y un buen plan para los próximos cinco años, ¿quién necesita de fe? Acudimos a la fe solamente cuando nuestras circunstancias eluden nuestro control o cuando el camino que tenemos por delante está rodeado de sombras. Es entonces cuando nos volvemos a Dios y le pedimos que nos guíe a través de los peligros que no podemos ver.

Esa forma de pensar contiene dos errores fatales. En primer lugar, la fe no es confiar en que algo suceda. Ejercitar la fe no es confiarle un deseo a Dios. «Señor, mantenme sano». «Señor, ayúdame a ganar un buen sueldo». «Señor, aleja todo el sufrimiento de mi vida». Esas son cosas que se le dirían a un genio de la lámpara o a un hada madrina. El Antiguo Testamento, especialmente la historia de cómo Abraham llegó a conocer a Dios, define la fe como obediencia. Fe es hacer lo que Dios nos dice que hagamos, aun cuando sus instrucciones parezcan peligrosas o nos puedan causar alguna pérdida o sufrimiento. El escritor Philip Yancey lo describe así: «La fe es creer por adelantado lo que solo tendrá sentido retrospectivamente».

En segundo lugar, la fe no es algo que usamos para controlar acontecimientos futuros. La fe es para hoy. Para este preciso momento. Para lo que está viviendo ahora. La fe consiste en formular la pregunta «¿qué es lo que el Señor quiere que haga ahora mismo, en este momento?», y luego hacer lo que sabemos que le agrada a Él. Esto es lo que vemos a través de la mayor parte de la vida nómada de Abraham. En cada episodio de la vida del patriarca, él tuvo que elegir entre lo que le dijo Dios y alguna otra influencia como: el temor, sus propios deseos, la presión familiar, el peligro, la codicia. . . las mismas distracciones que enfrentamos hoy en día.

A medida que se tome el tiempo para considerar estos breves vislumbres en la historia de Abraham, olvide el pasado y no considere el futuro. Hágase un siervo fiel del momento presente. Busque la voluntad de Dios. Escuche lo que dice la Palabra de Dios. Use este tiempo para preguntarle a Dios qué es lo que Él quiere de usted y luego, simplemente hágalo.

Si lo hace, usted permanecerá en la dirección correcta en su viaje hacia el mejor futuro posible.

Chuck Swindoll
Otoño del 2014

LA CONFIANZA

Nunca tenga temor de confiar un futuro
desconocido a un Dios conocido.

CORRIE TEN BOOM

Deja tu patria y a tus parientes y a la
familia de tu padre, y vete a la tierra
que yo te mostraré.

GÉNESIS 12:1

EL LLAMADO DE Dios a Abram comenzó con una orden categórica, un mandamiento claro. Dios le dijo que dejara el lugar donde vivía y que se fuera a una tierra que Él le iba a mostrar. . . más tarde. Para recibir las bendiciones prometidas, Abram tenía que dejar atrás todas las cosas en las que confiaba para su seguridad y provisión: su tierra natal y sus parientes, y confiar en que Dios cumpliría lo que le había prometido hacer. El llamado que recibió de ser un nómada para el Señor fue un llamado a la acción, a ir, a dejar lo que le resultaba cómodo y habitual.

Póngase por un momento en el lugar de Abram. Usted tiene unos setenta y cinco años de edad y su esposa tiene alrededor de sesenta y cinco años. Usted ha vivido en el mismo lugar toda su vida. Se ha establecido en una ciudad que le es conocida con una familia y con una comunidad que conoce desde su nacimiento. De pronto, el Señor se le aparece en una manifestación que no puede negar que es auténtica y sobrenatural, Él le dice que empaque todas sus cosas y que se ponga en camino a un lugar que todavía no le ha revelado.

Todo lo que somos se retrae de efectuar grandes cambios sin un plan específico. La mayoría de nosotros necesita ver dónde vamos a caer antes de dar el salto. No obstante, Dios llamó a Abram para obedecer Su llamado sin proporcionarle información completa. Abram no sabía adónde iba, así que no podía confiar en un plan bien diseñado y de largo alcance. Sin embargo, el Señor le dio a Abram suficiente información como para tomar una decisión sensata.

Cuando Abram se encontró con el Señor supo que Dios era real. El eco innegable de la voz de Dios no le dejó lugar para las dudas. Aunque sus vecinos pensaban que se había vuelto loco, Abram tenía buenas razones para confiar en Dios, a pesar de que no conocía cada uno de los detalles del plan.

Reflexione

¿Le ha llamado alguna vez el Señor sin darle todos los detalles de antemano? ¿Qué es lo que le ayuda a confiar en Dios, aun cuando usted no tiene toda la información?

En Dios confío, ¿por qué habría de tener miedo?

Salmo 56:4

LA OBEDIENCIA TOTAL

———

*Dios es Dios. Debido a que Él es Dios, es
merecedor de mi confianza y obediencia.
Encontraré descanso solo en Su santa voluntad,
una voluntad que no se puede explicar con
palabras y que va mucho más allá de la noción
más amplia que tengo de lo que Él va a hacer.*

ELISABETH ELLIOT

———

[Abram] tomó a su esposa Sarai, a su
sobrino Lot, y todas sus posesiones
—sus animales y todas las personas
que había incorporado a los de su
casa en Harán— y se dirigió a la
tierra de Canaán.

GÉNESIS 12:5

Después de haber pasado la mayor parte de su vida —tal vez desde su nacimiento— en Ur de los caldeos, Abram recibió las instrucciones de Dios de que fuera a un lugar que Dios le iba a revelar más tarde. Lamentablemente, él no respondió con obediencia total, sino que obedeció solamente en parte. Cuando salió de Ur, Abram llevó consigo a su padre, Taré, y a su sobrino Lot.

Abram se trasladaba en la dirección general de Canaán —la tierra que Dios le había prometido— pero al principio solamente llegó hasta Harán. El texto no dice específicamente por qué se detuvieron allí, pero yo tengo una teoría. Sin, el dios luna a quien adoraba la familia de Abram, tenía dos lugares principales de adoración: Ur de los caldeos y Harán. No sería difícil imaginarse que el padre de Abram, un devoto de hueso colorado del dios luna, no se podía apartar con facilidad del santuario de esa deidad en Harán. Cuando el padre de Abram decidió prolongar su estadía en Harán, Abram debió de haberle dicho adiós a su padre y proseguir su camino a Canaán.

Abram también permitió que su sobrino Lot se acoplara al grupo, posiblemente porque lo veía como un posible heredero, puesto que no tenía un hijo propio. No obstante, a medida que la historia progresa, Lot prueba ser una distracción mucho mayor que el padre de Abram. De hecho, le hizo peligrar la vida.

Si usted sabe lo que Dios quiere que haga, la obediencia no es complicada. Puede ser difícil, pero no es complicada. No espere más para que todos los detalles caigan en su lugar. El Señor le ha dado una oportunidad de crecer en la fe. Él quiere que usted confíe en Su cuidado fiel y en Su poder inagotable. Ha llegado el tiempo de obedecer. Ahora. . . ¡vaya!

REFLEXIONE

¿Hay algo que sabe usted que Dios le ha llamado a hacer, pero está respondiendo con una obediencia parcial? ¿Cuál es el paso que puede dar hoy para llegar a la obediencia total?

> *Ama al SEÑOR tu Dios con todo tu corazón, con toda tu alma y con todas tus fuerzas. Debes comprometerte con todo tu ser a cumplir cada uno de estos mandatos que hoy te entrego.*
>
> DEUTERONOMIO 6:5-6

PUESTO A PRUEBA

La misericordia de Dios llega a la puerta de nuestro corazón montada en el caballo negro de la aflicción.

CHARLES SPURGEON

En aquel tiempo, un hambre terrible azotó la tierra de Canaán y obligó a Abram a descender a Egipto. [. . .] Al acercarse a la frontera de Egipto, Abram le dijo a su esposa Sarai: «Mira, tú eres una mujer hermosa. Cuando los egipcios te vean, dirán: "Ella es su esposa. ¡Matémoslo y entonces podremos tomarla!". Así que, por favor, diles que eres mi hermana».

GÉNESIS 12:10-13

Para Abram, esta época de hambre representó una prueba muy grande. Aunque Dios no fue quien causó esa hambruna, por cierto que la usó como un instrumento en el desarrollo de la fe de Abram.

Usted puede esperar más de una prueba divina en el camino de su fe, pero Dios no usa las circunstancias difíciles para averiguar lo que vamos a hacer. Él nos conoce mejor de lo que nos conocemos a nosotros mismos. Él usa las pruebas para que nos veamos *¡tal como somos!* A menudo Dios usa las pruebas para mostrarnos en qué esferas necesitamos mejorar.

Una prueba divina por lo general expone lo que podríamos llamar nuestra respuesta «automática» ante una crisis. Comienza como un reflejo del instinto de conservación. Con el tiempo, aprendemos a responder ante el estrés con una agilidad de expertos sin siquiera pensar. Antes de darnos cuenta, nuestro mecanismo de defensa totalmente desarrollado asume el mando y nos impide confiar en Dios. Para Abram, este mecanismo fue el engaño.

En el caso de que usted ahora mismo se esté sintiendo superior y piense que nunca mentiría de la forma en que mintió Abram, permítame ofrecerle una advertencia que nos hacen las Escrituras: «Si ustedes piensan que están firmes, tengan cuidado de no caer. Las tentaciones que enfrentan en su vida no son distintas de las que otros atraviesan» (1 Corintios 10:12-13). Nadie se despierta en la mañana con un plan espectacular organizado para fallar moralmente. Frecuentemente, nuestros días comienzan con las mejores intenciones y entonces llega una crisis. Se presenta algo que desafía nuestra fe. Enseguida, respondemos automáticamente y el cerebro solo piensa en dirección horizontal.

REFLEXIONE

Cuando su fe es puesta a prueba, ¿cuál es su respuesta instintiva? Pídale a Dios que le ayude a confiar en Él en lugar de fiarse de su mecanismo usual de enfrentar los problemas.

> *Entonces su fe, al permanecer firme*
> *en tantas pruebas, les traerá mucha*
> *alabanza, gloria y honra en el día que*
> *Jesucristo sea revelado a todo el mundo.*
>
> I PEDRO 1:7

UN REFLEJO
DE DIOS

---

*Dios quiere tomar nuestro rostro, esa parte
expuesta y reconocible de nuestro cuerpo,
y usarlo para reflejar Su bondad.*

MAX LUCADO

«¿Qué me has hecho? —preguntó
[Faraón]—. ¿Por qué no me dijiste
que era tu esposa? ¿Por qué dijiste: "Es
mi hermana" y con esto me permitiste
tomarla como esposa? Ahora bien,
aquí tienes a tu esposa. ¡Tómala y vete
de aquí!». Entonces el faraón ordenó
a algunos de sus hombres que los
escoltaran, y expulsó a Abram de su
territorio junto con su esposa y todas
sus pertenencias.

GÉNESIS 12:18-20

Abram le mintió a Faraón para proteger su vida, cuando le dijo que Sarai era su hermana. Al hacer eso, la puso en peligro. Sin embargo, aunque él fracasó en cuanto a proteger a su esposa, el Señor tuvo un éxito rotundo en hacerlo. Él castigó a Faraón y a su familia con plagas (véase Génesis 12:17).

El rey politeísta reconoció al Dios de Abram, pero no como el único Dios verdadero. Faraón le tuvo miedo al poder de una deidad territorial rival. Al igual que la mayoría de la gente en aquel tiempo, él veía al mundo a través del lente de la superstición. Este antiguo punto de vista sostenía la creencia de que la raíz de la causa de una enfermedad era espiritual y no física. La gente creía que la única manera de curar al paciente era descubrir cuál era el dios que se debía apaciguar por medio de un sacrificio. Cuando la casa de Faraón fue afligida por la enfermedad, él trató de apaciguar a sus propios dioses con sacrificios y luego, habiéndolos satisfecho (en su mente), supuso que había ofendido al Dios de Abram.

Abram debería de haber sido moralmente superior al rey de Egipto, pero Faraón ardía con justificada indignación y reprendió al hombre de Dios.

La conclusión fue bastante triste. No podemos

dejar de preguntarnos qué clase de opinión tuvo Faraón sobre el Dios de Abram después de este episodio. Y yo me pregunto lo mismo en cuanto a nosotros hoy en día: ¿Cuántas personas no han aceptado todavía al Dios de la Biblia porque continúan viviendo a la sombra de nuestros fracasos morales?

REFLEXIONE

Cuando las personas que no son de su fe miran su vida, ¿qué es lo que ven? ¿Refleja su vida correctamente al único Dios verdadero?

> *Dejen que sus buenas acciones brillen a*
> *la vista de todos, para que todos alaben*
> *a su Padre celestial.*

MATEO 5:16

LA PROSPERIDAD

———

A veces la adversidad es dura para el
hombre; pero por cada hombre que pueda
sobrellevar la prosperidad, hay cien
que sobrellevarán la adversidad.

THOMAS CARLYLE

———

Abram le dijo a Lot: «No permitamos
que este conflicto se interponga
entre nosotros o entre los que cuidan
nuestros animales. Después de todo,
¡somos parientes cercanos! Toda la
región está a tu disposición. Escoge
la parte de la tierra que prefieras, y
nos separaremos».

GÉNESIS 13:8-9

L A MAYORÍA DE nosotros enfrenta la adversidad con la mejor actitud. Sin embargo, nuestros mejores colores se manifiestan cuando todo marcha bien. Es fácil llegar a ser arrogante, independiente, presuntuoso, codicioso y condescendiente en esos tiempos.

Abram volvió a Canaán con mayores riquezas de las que tenía cuando llegó de Ur. Génesis 13:2 lo describe como «muy rico». La expresión hebrea literalmente significa «pesado». Hoy nosotros diríamos que Abram estaba «forrado». Antes él no había respondido bien a las dificultades. ¿Cómo se mostraría su integridad bajo el peso de la prosperidad? ¿Qué revelaría esta prueba divina acerca de su verdadero carácter?

Cuando Abram prosperó, su sobrino Lot también se benefició. No obstante, la prosperidad trajo sus propios desafíos. Las manadas y los rebaños cada vez más grandes requerían cada vez mayor cantidad de comida y de agua. Llegó el momento en que la vegetación y el agua fueron insuficientes para mantener a los animales de los dos hombres.

Abram podría haber llamado a Lot a su tienda y haberle dicho: «Mira, yo soy mayor que tú y tú eres mi sobrino. Además, Dios me dio esta tierra a mí, no a ti. Así que toma tus rebaños, tus manadas y tus tiendas, ¡y vete a buscar tu propia tierra en otro lugar!». Sin embargo, eso no fue lo que hizo Abram.

En primer lugar, Abram afirmó la relación de los dos y expresó su deseo de preservar la armonía entre ellos. En lugar de hacerle ver su autoridad, se convirtió en su mentor. Manifestando gracia, trató a Lot como a una persona igual a él. Luego le propuso una solución que puso a Lot en control de su destino. Ese fue un hecho generoso de parte de Abram. En su creciente fe en Dios, él pasó la prueba de la prosperidad.

REFLEXIONE

¿En qué o en quién confía usted para sus necesidades? ¿Confía en su propia lógica o en su perspicacia para los negocios, o acepta lo que Dios elige proveerle?

La avaricia provoca pleitos; confiar en el SEÑOR resulta en la prosperidad.

PROVERBIOS 28:25

NAVEGANDO
SIN MAPA

Todas las verdades reveladas de Dios
están selladas para nosotros hasta que se
nos abren a través de la obediencia.

OSWALD CHAMBERS

Lot miró con detenimiento las
fértiles llanuras del valle del Jordán
en dirección a Zoar. Toda esa región
tenía abundancia de agua. [. . .] Lot
movió sus carpas a un lugar cerca
de Sodoma y se estableció entre
las ciudades de la llanura. Pero
los habitantes de esa región eran
sumamente perversos y no dejaban
de pecar contra el SEÑOR.

GÉNESIS 13:10, 12-13

CUANDO LOT ESTABA tomando la decisión en cuanto a qué tierra elegir, no consideró a Dios como un factor que afectaría su futuro. Él hizo todos sus cálculos basándose en las posibles influencias de la naturaleza y de la humanidad, sin considerar que Dios podía alterar todo eso para beneficiarlo. Miró hacia el valle del río Jordán y lo único que vio fue una rica y verde vegetación para su ganado y una tierra muy buena para sus cosechas.

Lot ni siquiera consideró el peligro inminente que representaba establecerse entre las dos ciudades gemelas que ocupaban ese valle. Ni una sola vez le pidió a Dios que lo guiara en esa decisión. Desde una perspectiva totalmente horizontal, esa decisión era la correcta. Por lo tanto, con la codicia como su guía, se puso a sí mismo, a su familia y también a su futuro en peligro.

No me puedo imaginar cómo alguien pueda querer pasar por alto el componente vertical. Es como tratar de navegar sin un mapa, limitado a lo que puede ver y escuchar en su zona más cercana, cuando podría contar con un sistema global de navegación que le provea instrucciones a cada momento. No solamente puede Dios ver todo lo que nosotros no vemos, sino que Él *quiere* guiarnos a través de los terrenos peligrosos y hacernos llegar a nuestro destino en forma segura.

Me doy cuenta de que nosotros no recibimos visitas de Dios en forma visible y audible. Sin embargo, el Señor nos habla y nos guía. Él está a su lado y quiere guiarle.

REFLEXIONE

¿De qué forma ve usted al mundo? ¿Piensa solo
en la perspectiva horizontal, o tiene en cuenta
la dimensión vertical y busca la guía de Dios?

> *El SEÑOR dice: «Te guiaré por el mejor*
> *sendero para tu vida; te aconsejaré y*
> *velaré por ti».*

SALMO 32:8

LA ESPERA

———

*Tal vez Dios espere porque no sería lo mejor
para nosotros si nos da todo lo que pedimos
enseguida: no estamos listos para eso. [. . .] La
espera puede llevarnos más cerca de nuestra ayuda,
aumentar nuestro deseo, perfeccionar la oración y
prepararnos mejor para la condición de recibir.*

GEORGE MACDONALD

———

*Entonces Sarai le dijo a Abram:
«El SEÑOR no me ha permitido tener
hijos. Ve y acuéstate con mi sierva; quizás
yo pueda tener hijos por medio de ella».
Y Abram aceptó la propuesta de Sarai.*

GÉNESIS 16:2

Para cuando llegó Ismael, Abram tenía ochenta y seis años de edad. Más adelante en la Biblia leemos sobre el nacimiento de Isaac, el hijo verdadero del pacto de Dios con Abram, y vemos que para entonces Abram tenía cien años de edad. Abram y Sarai trataron de apurar a Dios, intentando que el Señor estuviera en la agenda de ellos, pero no recibieron Su bendición hasta catorce años después. El que nosotros nos adelantemos no presiona a Dios para que acelere Su agenda. Cuando tratamos de coaccionar a Dios para que nos dé algo que queremos y cuando lo queremos, Él nos responde: «No estás listo en este momento. Esta bendición no es buena para ti ahora. Tienes mucho más que aprender. . . así que confía en Mí y no esperes que te explique por qué lo hago».

Tal vez usted se encuentre en el predicamento de Abram en estos momentos y está orando la oración más común del mundo: «Señor, ¡apúrate!». Quiere las respuestas ahora; quiere la bendición de Dios ahora mismo. Está convencido de que ha esperado demasiado. La espera es difícil y usted quiere ver progreso en el curso de los acontecimientos, así que la tentación más grande cuando parece que Dios no está haciendo nada es hacer las cosas usted mismo. Su predicamento ha demorado demasiado tiempo y usted ya está cansado de eso.

Si esto le describe a usted (y si no es ahora, ¡será pronto!), tengo una palabra para usted: *espere.*

Cuando no tenemos otra opción que esperar, el Señor nos ayuda a adquirir un apetito por la bendición que va a llegar. Mientras tanto, Dios nos ayuda a madurar para que cuando finalmente llegue la respuesta, estemos preparados para disfrutar su bendición al máximo.

Reflexione

¿Hay algo que está esperando de Dios ahora mismo?
¿Cómo puede usar el Señor sus circunstancias para
aumentar su madurez durante este tiempo?

> *Espera con paciencia al Señor;*
> *sé valiente y esforzado; sí, espera*
> *al Señor con paciencia.*
>
> Salmo 27:14

EL
TODOPODEROSO

---

*La comunión íntima con Dios va más allá
de las palabras, al otro lado del silencio.*

MADELEINE L'ENGLE

Cuando Abram tenía noventa y
nueve años, el Señor se le apareció
y le dijo: «Yo soy El-Shaddai, "Dios
Todopoderoso"».

GÉNESIS 17:1

HABÍAN PASADO trece años y Abram todavía no había escuchado de Dios. No hubo ninguna visión. No escuchó ninguna voz. No hubo ninguna visita. Solo silencio. Trate de imaginarse: completo silencio de parte de Dios durante trece años.

En el pasado, Abram no había manejado muy bien el silencio de Dios. Después de la primera aparición de Dios en Ur, Abram había estado hablando con Él en forma bastante regular. Más de una vez, el Señor se le había aparecido a Abraham con palabras reconfortantes. Cuando tuvo setenta y nueve años, se encontró con Dios después de una victoria milagrosa en el campo de batalla, pero luego no escuchó nada durante los siguientes seis o siete años. Entonces, cuando tuvo ochenta y cinco años de edad, él y Sarai decidieron implementar su propio plan.

Cuando su decisión de adelantarse a los planes de Dios resultó en un fracaso rotundo, Abram llegó a su límite. Como dice la expresión popular: «Finalmente entró en razón». Aunque anhelaba que la promesa de Dios se cumpliera, ahora, finalmente, se rindió al cuidado omnisciente y soberano de Dios.

En su siguiente encuentro con Dios, Abram no le hizo ninguna pregunta y tampoco se quejó de su larga espera; sino que simplemente «cayó rostro en tierra» (Génesis 17:3) ante su Amigo divino.

Después de trece años, el Señor rompió el silencio con una nueva forma de presentarse. Cuando se le apareció a Abram, le dijo: «Yo soy El-Shaddai» (Génesis 17:1). Una buena paráfrasis sería: «Yo soy Dios. . . específicamente, el Dios Todopoderoso».

El mensaje directo que Dios comunicó a través de Su nombre después de un largo silencio, es el mismo mensaje que Él quiere que nosotros sepamos cuando parece que Él no está presente: *Aunque a veces guardo silencio, permanezco en control de tus circunstancias.* Lo que en realidad dijo el Señor con estas palabras es: «No Me he alejado; he estado aquí todo este tiempo».

REFLEXIONE

¿Ha habido algún tiempo en su vida cuando le pareció que Dios guardaba silencio? ¿Cómo se ha mostrado Él a usted como el Dios Todopoderoso?

> *Y yo seré su Padre, y ustedes serán mis hijos e hijas, dice el SEÑOR Todopoderoso.*
>
> 2 CORINTIOS 6:18

CON MÁS PROFUNDIDAD

La superficialidad es la maldición de nuestra era. [. . .] La necesidad urgente de hoy no es por un número mayor de personas inteligentes o de gente con ciertos dones específicos, sino de personas con profundidad espiritual.

RICHARD FOSTER

Yo haré un pacto contigo, por medio del cual garantizo darte una descendencia incontable.

GÉNESIS 17:2

HABÍAN PASADO casi veinticinco años desde que el Señor le había hablado a Abram en Ur. Desde aquel tiempo, sus raíces espirituales se habían arraigado con mucha más profundidad en el terreno de su fe en Dios. Por fin, confió en la promesa de Dios y descansó en la voluntad suprema del Señor. Ahora estaba en condiciones de recibir las bendiciones del pacto.

El Señor anunció: «Estableceré mi pacto entre Yo y tú» (esta es mi propia traducción literal del hebreo). Por supuesto que este acuerdo no era nuevo; Dios ya había hecho este pacto con él anteriormente. Dios simplemente volvió a confirmar el pacto como precursor para anunciar que había llegado el tiempo del cumplimiento de la primera parte. Para que Abram llegara a ser el padre de una multitud de naciones, él tendría que tener un hijo con Sarai.

Para que este momento fuera memorable, Dios le dio a Abram un nombre nuevo. El nombre que recibió cuando nació, «padre exaltado», honraba al dios luna que adoraba el padre de Abram. Su nuevo nombre, Abraham, significa «padre de una multitud». Cuando la gente le preguntara por el significado de su nombre, él les podría explicar: «Tengo este nombre porque El-Shaddai hizo un pacto conmigo. Mis descendientes, incontables al igual que las estrellas, formarán una nación y here-darán la tierra sobre la cual estamos ahora». Sin embargo, Abram no estaría listo para este nuevo nombre, para esta nueva misión, hasta que no profundizara su caminar con el Todopoderoso.

Nuestras instituciones de estudio gradúan a muchas personas cultas. Las mejores compañías encuentran a las personas más inteligentes. Las personas talentosas acuden en tropel a Nueva York, Hollywood, Las Vegas y Nashville. No obstante, la gente con profundidad es rara. No muchas personas tienen la visión o la paciencia para cultivar raíces espirituales profundas. Mi desafío para usted es que profundice en los asuntos espirituales y que busque a personas que también lo hagan. Necesitará buscar con mucho cuidado. No va a encontrar superabundancia.

REFLEXIONE

¿De qué manera está usted viviendo superficial-mente su relación con Dios? ¿Cómo puede empezar a profundizar más en ella?

> *Arráiguense profundamente en él y*
> *edifiquen toda la vida sobre él.*
>
> COLOSENSES 2:7

EL SECRETO DE
LA ORACIÓN

---

*La oración es el centro de la vida
cristiana. Es la única cosa necesaria. [. . .]
Es vivir con Dios aquí y ahora.*

HENRI NOUWEN

El Señor le dijo a Abraham: «He
oído un gran clamor desde Sodoma y
Gomorra, porque su pecado es muy
grave». [. . .] Abraham se le acercó
y dijo: «¿Destruirás tanto al justo
como al malvado? Supongamos que
encuentras cincuenta personas justas
en la ciudad, ¿aun así la destruirás
y no la perdonarás por causa de
los justos?».

GÉNESIS 18:20, 23-24

A L IGUAL QUE mucha gente, cuando recién aprendí a orar, yo oraba en forma simplista. Le pides a Dios lo que quieres. Si se lo pides de forma correcta o si lo impresionas lo suficiente, quizás Él te conceda tu petición. O tal vez no. ¿Quién lo puede saber? Sin embargo, a medida que aprendí más sobre la oración, descubrí que muchas cosas en mi forma de pensar habían sido empañadas por malentendidos que existen en nuestra cultura popular.

Cuando usted comienza desde el principio y se fija en las Escrituras con detenimiento, la oración no es confusa en lo absoluto. Es profunda, pero no es complicada. Santiago 4:2 lo dice con bastante sencillez: «No tienen porque no piden» (NVI).

Por supuesto que eso no quiere decir que se le garantiza recibir la respuesta que usted busca. Abraham fue ante el Señor con la petición de salvar a Sodoma y a Gomorra. Dios escuchó su oración y aunque no se la concedió en la forma en que Abraham había esperado, la conversación que tuvo lugar entre ellos profundizó la relación de ambos.

Dios quiere concedernos nuestras peticiones, pero nosotros hacemos que eso sea imposible cuando pedimos cosas que van en contra de Su carácter justo y amoroso. ¿Qué haría usted si su hijo o su hija le pidiera algo que le puede causar un daño? El amor que usted le tiene a él o a ella exigiría que negara su solicitud.

En forma continua debemos buscar a Dios para asegurarnos de que nuestras peticiones y nuestros motivos estén alineados con Su voluntad. Entonces, ya sea que Él nos diga sí, no, o espera, nuestras oraciones nos van a llevar más cerca de Él.

REFLEXIONE

¿Qué le ha estado pidiendo a Dios por algún tiempo? Tome un momento para evaluar su petición y sus motivos. ¿Le está diciendo Dios sí, no o espera?

Pedís, y no recibís, porque pedís mal, para gastar en vuestros deleites.

SANTIAGO 4:3, RVR60

EL VENENO DE
LA IMPUREZA

Si no tuviéramos enemigos, tal vez pensaríamos

que no somos amigos de Dios, porque la amistad

con el mundo es enemistad con Dios.

CHARLES SPURGEON

Llegaron, pues, los dos ángeles a
Sodoma al caer la tarde, cuando
Lot estaba sentado a la puerta
de Sodoma.

GÉNESIS 19:1, LBLA

Cuando Dios visitó Sodoma y Gomorra, las dos ciudades gemelas controlaban el valle frondoso y fértil por el cual corría el río Jordán. Estas dos populosas ciudades eran el centro económico de todas las personas que vivían en la parte sur de este valle, y la riqueza de ellas probablemente contribuyó a la belleza de su arquitectura y de su arte. Sin embargo, la inmoralidad de ellas había llegado a ser notoria, inclusive entre las comunidades paganas que adoraban ídolos fuera de ese valle. Una apariencia de belleza le impedía a los que no conocían la ciudad ver su verdadera naturaleza.

En el antiguo Cercano Oriente, la puerta servía como ayuntamiento. Los ancianos se reunían allí para debatir asuntos, realizar sus negocios, resolver disputas e incluso aconsejar al que gobernaba la ciudad sobre asuntos civiles. Los antiguos lectores de este texto habrían levantado las cejas al descubrir que Lot estaba sentado a las puertas de la ciudad. Este pequeño detalle revela que él no era un ciudadano común y corriente; él había llegado a ser un participante activo de la política y del comercio de Sodoma.

Así que, ¿por qué se alineó Lot tan de cerca con una ciudad tan malvada? Es probable que él se haya convencido a sí mismo de que podía evitar caer en esos tremendos pecados mientras mantuviera un testimonio positivo del Dios de Abraham. No se dio cuenta de que, con el paso del tiempo, se volvió insensible a la maldad de ese lugar.

No podemos evitar cierto tipo de asociación casual con gente malvada y deberíamos ser amables con todo el mundo, pero el cultivar amistades íntimas con personas inmorales es peligroso para nuestra salud espiritual. Quiero decirlo de nuevo, esto no quiere decir que los creyentes deban evitar todo contacto con personas de otras religiones o filosofías. No obstante, si estas personas mantienen un estilo de vida pecaminoso, será solo cuestión de tiempo antes de que sus malas costumbres se conviertan en las nuestras.

La inmoralidad es venenosa. Usted nunca puede llegar a ser inmune a su potencia mortal. Es como las aguas residuales que son expulsadas de una fosa séptica; contaminan todo lo que está cerca de ellas.

Reflexione

Piense en la gente con la cual tiene una amistad íntima. ¿De qué maneras está usted influenciando a esas personas? ¿De qué manera están ellas ejerciendo influencia sobre usted?

> *No se asocien íntimamente con los que son incrédulos. ¿Cómo puede la justicia asociarse con la maldad?*
>
> 2 CORINTIOS 6:14

EL PELIGRO DE LA RACIONALIZACIÓN

Si Dios no castiga a Estados Unidos, se va a tener que disculpar con Sodoma y Gomorra.

BILLY GRAHAM

Los ángeles le preguntaron a Lot: «¿Tienes otros familiares en esta ciudad? Sácalos de aquí [. . .] porque estamos a punto de destruir este lugar por completo. El clamor contra esta ciudad es tan grande que ha llegado hasta el Señor, y él nos ha enviado para destruirla».

GÉNESIS 19:12-13

PARA EL OBSERVADOR analítico, Lot y su esposa eran realmente unos tontos. Habían construido su casa en una isla ubicada sobre una fosa séptica y cuando la muerte rondó cerca de ellos, no querían irse de ese lugar. Tal vez nos cueste ver a estas figuras históricas como personas similares a nosotros y, si no tenemos cuidado, juzgaremos a Lot y a su esposa con dureza. El hecho es que en muchas maneras nosotros no somos diferentes a ellos. Aunque nos separan más de 3500 años, muchos miles de kilómetros y un idioma diferente, luchamos con los mismos deseos y flaquezas humanas.

Así que, ¿cómo es posible que Lot, a quien en el Nuevo Testamento se le considera un hombre recto (véase 2 Pedro 2:8), pudiera vivir tan cómodamente en Sodoma? Fue debido a que su percepción de la realidad había sido distorsionada en forma gradual. Justificaba sus elecciones insensatas con pequeñas excusas y racionalizaciones de poco peso.

Tal vez usted no se haya dejado engañar tanto como Lot y su esposa. Sin embargo, piense en su situación actual. Trate de examinar su vida con objetividad. ¿Qué es lo que está tolerando? ¿En qué esferas está comprometiendo sus creencias? Tal vez está permitiendo que la pornografía contamine su hogar y su mente. O puede estar guardando los secretos de un compañero que la maltrata, causándole a usted o a otras personas daños continuos. Tal vez está falsificando los registros financieros en su trabajo porque ha racionalizado que esto lo ayudará a proveer para las necesidades de su familia.

No se engañe. Está haciendo algo malo y es un asunto de suma importancia. Si se ha convertido en un hábito, eso es aún peor. Ha llegado la hora de que todos nosotros examinemos nuestros hogares, nuestros vecindarios y nuestras naciones de manera objetiva. No debemos transigir en lo que Dios nos ha revelado que es bueno y correcto.

REFLEXIONE

¿Qué pecados tolera en su vida? ¿Qué cosas malas ha justificado?

> *Quiten de su vida todo lo malo y lo sucio, y acepten con humildad la palabra que Dios les ha sembrado en el corazón.*
>
> SANTIAGO 1:21

UN CICLO
DE PECADO

---

*La conversión de un alma es el milagro
de un momento, la fabricación de un
santo es la tarea de toda una vida.*

ALAN REDPATH

Abraham presentó a su esposa, Sara,
diciendo: «Ella es mi hermana».
Entonces el rey Abimelec de Gerar
mandó a llamar a Sara e hizo que
la trajeran ante él a su palacio.

GÉNESIS 20:2

EL NACIMIENTO DE un bebé es un acontecimiento breve, que toma lugar en algunas horas, pero en ese momento, la vida apenas ha comenzado. El crecimiento y la madurez ocurren en forma constante y gradual a medida que el niño se desarrolla desde la infancia hasta llegar a ser un adulto joven. Después de que hemos puesto nuestra fe en Jesucristo y de que comenzamos a crecer luego de nuestro nuevo nacimiento, jamás llegamos a alcanzar un estado de perfección completa. No en esta vida. El pecado todavía continúa acechándonos. Luchamos con antiguas tentaciones. Es allí donde se encuentra una de las verdades más difíciles sobre la vida de fe: los creyentes a veces abandonan su fe para volverse temporalmente incrédulos.

Abraham es un precursor de fe para el resto de nosotros. Al igual que nosotros, Abraham luchó constantemente para no caer en sus antiguas tentaciones y para poder vencer los pecados que repetía. Para Abraham, uno de estos antiguos hábitos era la compulsión a mentir cuando la verdad hacía peligrar su vida.

Después de observar la destrucción de Sodoma y de Gomorra, Abraham levantó sus tiendas y se mudó cerca de la ciudad de Gerar. Allí se encontró rodeado de gente que podría matarlo por una oportunidad de quedarse con su esposa y llevarla a su harén. Nuevamente, Abraham presentó a su esposa Sara al rey diciéndole: «Ella es mi hermana». Al igual que antes, el plan de Abraham falló. El rey descubrió la mentira de Abraham y se enojó. No obstante, Dios todavía usó a Abraham para revelar Su verdadera naturaleza a un rey pagano (véase Génesis 20:6-7).

Los creyentes fallamos a veces en confiar en nuestra nueva naturaleza. En cambio, caemos en nuestros antiguos hábitos y eso es exactamente lo que hizo Abraham. Sin embargo, su fracaso no lo hizo inferior como un hombre de Dios. Cuando caemos, podemos acercarnos a Dios en arrepentimiento, confiando en que Él va a continuar amándonos y usándonos para Sus propósitos.

REFLEXIONE

¿Hay ciertos patrones o hábitos a los que usted tiende a volver cuando enfrenta una situación difícil? ¿Qué es lo que le podría ayudar a recordar la nueva naturaleza que Dios le ha dado?

No vuelvan atrás, a su vieja manera de vivir, con el fin de satisfacer sus propios deseos.

1 PEDRO 1:14

EL TIEMPO PERFECTO

El que tiene fe no se apresura, sino que con
paciencia espera que lleguen los tiempos de refrigerio
y se atreve a confiar en Dios para el día de mañana.

JEREMY TAYLOR

El Señor cumplió su palabra e hizo
con Sara exactamente lo que había
prometido. Ella quedó embarazada
y dio a luz un hijo a Abraham en su
vejez. Esto ocurrió justo en el tiempo
que Dios dijo que pasaría.

GÉNESIS 21:1-2

DIOS NO ESTÁ APURADO, así que no tuvo problema esperar un cuarto de siglo para cumplir Su promesa y permitir que Abraham y Sara pudieran concebir. ¿Quién sabe por qué esperó tanto tiempo? Fue Su voluntad y el tiempo de Dios es perfecto. Personalmente, creo que Abraham no estaba listo antes. Él necesitaba madurar espiritualmente, así que Dios esperó.

Nosotros vemos todos los acontecimientos desde la limitada perspectiva del tiempo. Es como si estuviéramos tratando de conducir un automóvil mirando a través de una pajita para sorber bebidas. Estamos sentados al volante, al nivel del camino, y nuestra visión apenas alcanza a ver el paisaje. Sin embargo, Dios no está limitado por el tiempo o por la perspectiva humana. Él ve lo que sucede en la tierra desde arriba, abarcando todo el panorama del tiempo comenzando en Génesis 1:1 hasta el final de todas las cosas; Él lo ve todo al mismo tiempo. Mientras que nosotros nos apresuramos porque se nos podría hacer tarde para algo, el Señor no necesita apurarse, porque Él tiene control total del tiempo. Dios arregló de antemano el desenvolvimiento de Sus planes con la precisión de menos de una fracción de segundo.

Para nosotros, que vivimos dentro del transcurso del tiempo, tener que esperar a veces nos parece una eternidad. Cuando estoy con personas a las que no conozco muy bien, a veces les pregunto: «¿Están esperando que suceda algo?». Invariablemente tienen una respuesta. Todas las personas que conozco están esperando algo. Esperan un alivio. Esperan una respuesta a su oración. Esperan que se cumpla un sueño. Las personas que han profundizado su relación con Dios han aprendido a esperar con anticipación en vez de preocuparse. Saben que Dios cumple Sus promesas, así que no se ponen nerviosas pensando en *si* llegará la respuesta sino que se concentran en *cuándo* llegará.

REFLEXIONE

¿Qué es lo que está esperando en estos momentos?
¿Qué significa para usted saber que Dios siempre está a tiempo?

> *Esto dice el SEÑOR: «En el momento preciso te responderé, en el día de salvación te ayudaré».*

> ISAÍAS 49:8

LOGRAR LO
IMPOSIBLE

---

*Al haber sido creado por Dios y a Su
propia imagen, el hombre posee hambre
en su corazón porque quiere conocer la
magnitud y la eternidad del plan divino.*

WALTER KAISER

Abraham tenía cien años de edad
cuando nació Isaac. Sara declaró:
«Dios me hizo reír. Todos los que
se enteren de lo que sucedió se
reirán conmigo».

GÉNESIS 21:5-6

Después de esperar tanto, en el tiempo de Dios, Abraham y Sara recibieron el cumplimiento de la promesa de Dios. A los noventa años de edad, Sara dio a luz un hijo y le puso por nombre Isaac, que significa «él ríe». Años antes, cuando Dios le había dicho a Abraham que Sara le daría un hijo, él se había reído mucho. Cuando Dios regresó a anunciarle: «Yo volveré a verte dentro de un año, ¡y tu esposa, Sara, tendrá un hijo!» (Génesis 18:10), Sara también se rió porque no lo podía creer. En ese tiempo ella tenía la edad que tienen la mayoría de las bisabuelas. Ni Sara ni Abraham se podían imaginar que ella tuviera un hijo y lo amantara.

Cuando Dios hizo lo imposible para esta pareja anciana, su risa incrédula se convirtió en risa gozosa. . . una risa de placer y de alabanza. Ahora vieron un significado mayor en el nombre Isaac.

Nada ocurre fuera del plan de Dios y todo sucede en el tiempo exacto en que Él planeó que sucediera. Eso es lo que quieren decir los teólogos cuando hablan de la *soberanía* de Dios. Él tiene un plan, y Él tiene el poder y la voluntad para llevarlo a cabo.

A algunas personas no les gusta el concepto de soberanía y de la existencia de un plan divino ordenado de antemano, porque las hace sentir sin importancia y sin nada que decir en cuanto a su destino. Sin embargo, el plan soberano de Dios no nos reduce a robots que deben seguir un programa.

Crecemos espiritualmente cuando miramos el plan de Dios no como algo que disminuye nuestra calidad de seres humanos al quitarnos nuestro libre albedrío, sino como un medio por el cual Él restaurará nuestra verdadera libertad y llevará a cabo Sus planes que para nosotros son imposibles.

REFLEXIONE

¿Qué cosas imposibles ha hecho Dios en su vida en el pasado? ¿Qué significa para usted que Dios es soberano?

Hice al Soberano SEÑOR mi refugio, y a todos les contaré las maravillas que haces.

SALMO 73:28

ORACIONES SIN
CONTESTAR

---

*Cuando hago la voluntad de Dios no me
queda tiempo para debatir Sus planes.*

GEORGE MACDONALD

[Sara dijo:] «¿Quién le hubiera dicho
a Abraham que Sara amamantaría a
un bebé? Sin embargo, ¡le he dado a
Abraham un hijo en su vejez!».

GÉNESIS 21:7

MUCHO TIEMPO después de que Abraham y Sara habían abandonado toda esperanza de experimentar este gozo, pudieron sostener en brazos a su propio hijo. Hubiera sido fácil para ellos perder la esperanza cuando el cumplimiento de la promesa no sucedió de la forma o en el tiempo que ellos esperaban. No obstante, la confianza de ellos en el Señor fue más grande que su perspectiva humana, mayor que sus dudas.

Cuando pienso en algunas cosas de mi vida pasada, recuerdo muchas oraciones y agradezco que Dios no las tomó en cuenta. En cambio, Él me dio lo que yo necesitaba. Lo que Él me dio, me proporcionó mayor felicidad y profundo gozo.

Sin embargo, cuando usted está pasando por una prueba o por un tiempo de espera, puede ser difícil mantener esa perspectiva. ¿Qué podemos hacer cuando nos encontramos en tiempos así?

En primer lugar, podemos pedirle al Señor que nos dé una fuerza sustentadora y sabiduría divina. Sé que esto parece una cosa elemental, pero a menudo nos olvidamos que no podemos vivir por nuestra cuenta. Necesitamos ayuda divina todos los días; además, necesitamos fuerza sobrenatural y sabiduría divina para esperar que se desarrolle el plan de Dios. Las cosas buenas llegan para los que saben esperar.

En segundo lugar, nos podemos perdonar a nosotros mismos por ser tan miopes y no ver el panorama completo. Perdónese a sí mismo por aferrarse a algo que debería de haber soltado. Perdónese por no haberse sentido entusiasmado por lo que hay en el futuro cuando los planes de Dios no incluyen los planes que tiene usted. Arrepiéntase de sus errores, reciba el perdón de Dios y luego perdónese a sí mismo.

En el transcurso de mi vida he aprendido lo siguiente: la última persona que perdonamos en la tierra es a nosotros mismos. Dios le perdona, entonces, ¿por qué no se perdona usted a sí mismo?

Con el tiempo, al igual que Abraham, llegará a darse cuenta de que en el plan señalado por Dios, lo mejor todavía no ha llegado.

REFLEXIONE

¿Hay algunas esferas en su vida en las cuales usted ya no tiene esperanza? Pídale a Dios que le dé Su fuerza y busque la perspectiva del Señor en esa situación.

El SEÑOR llevará a cabo los planes que tiene para mi vida, pues tu fiel amor, oh SEÑOR, permanece para siempre.

SALMO 138:8

LAS
CONSECUENCIAS

---

*Las personas se sienten bien cuando predicamos
sobre los pecados de los patriarcas, pero no les gusta
cuando hablamos de los pecados de hoy en día.*

DWIGHT L. MOODY

[Sara] se dirigió a Abraham y le
exigió: «Echa fuera a esa esclava y a
su hijo. Él no compartirá la herencia
con mi hijo Isaac. ¡No lo permitiré!».
Eso disgustó mucho a Abraham,
porque Ismael era su hijo.

GÉNESIS 21:10-11

GÉNESIS 21 NOS PRESENTA A un hombre cuyo pecado del pasado ahora lo atormenta y daña a las personas que ama. El nacimiento de Isaac, el hijo de Abraham que habían esperado por tantos años, les dio a él y a Sara mucho gozo, pero su alegría fue empañada por remordimiento.

Unos quince años antes, ellos trataron de acelerar el plan de Dios. En su apresuramiento por recibir el cumplimiento de la promesa de Dios, maquinaron un plan para tener un hijo en sus propios términos y de acuerdo a su propio tiempo. Así que Agar, la criada egipcia de Sara, dio a luz un hijo a quien llamaron Ismael —un hijo de Abraham, pero que no fue el hijo prometido que habían estado esperando.

Ismael representó la transigencia; Isaac fue el verdadero hijo de la promesa. Por lo que durante tres años, el conflicto se acrecentó, explotando finalmente en una celebración familiar. Cuando terminó, Sara exigió que Abraham enviara a Agar y a Ismael al desierto.

Una de las verdades más reconfortantes de las Escrituras es que Dios perdona nuestros pecados. El salmista comunica esa verdad con estas poderosas palabras: «Llevó nuestros pecados tan lejos de nosotros como está el oriente del occidente» (Salmo 103:12). Sin embargo, mientras que es cierto que

Dios perdona nuestros pecados con borrón y cuenta nueva en cuanto a nuestra relación con Él, nuestras malas obras pueden repercutir en consecuencias para otras personas. Dios perdonó el pecado, pero no cambió los acontecimientos para revertir los efectos de nuestro pecado en el mundo.

Todo esto señala a una verdad que es difícil pero necesaria de entender: *Aunque cualquier tipo de pecado puede ser perdonado, los efectos de algunos pecados no se pueden borrar.* Podemos aprender una lección de la vida de Abraham, reconociendo que la repercusión que tiene el pecado puede continuar aun por generaciones y causarles daño a las personas que aún no han nacido.

REFLEXIONE

¿Qué consecuencias ha experimentado usted del pecado de otras personas? ¿Qué consecuencias negativas podría su propio pecado tener en otras personas?

> *Muestras un amor inagotable a miles, pero también haces recaer las consecuencias del pecado de una generación sobre la siguiente.*
>
> JEREMÍAS 32:18

NO ESTÁ SOLO

———

*La voluntad de Dios nunca nos llevará adonde
la gracia de Dios no nos pueda sostener.*

BILLY GRAHAM

———

[Agar] se alejó y se sentó sola a unos
cien metros de distancia. Se echó a
llorar y dijo: «No quiero ver morir al
muchacho». Pero Dios escuchó llorar
al muchacho, y el ángel de Dios
llamó a Agar desde el cielo: «Agar,
¿qué pasa? ¡No tengas miedo! Dios ha
oído llorar al muchacho, allí tendido
en el suelo».

GÉNESIS 21:16-17

Cuando Agar tuvo que dejar el campamento de Abraham, ella caminó sin rumbo fijo por el desierto de Beerseba, una región a unos cuarenta kilómetros al suroeste de Hebrón. Agar, al igual que la mayoría de los padres o las madres que de pronto se encuentran sin su cónyuge, enfrentó el desafío de tratar de sobrevivir sola, proveyendo muy poco para cubrir muchas necesidades y preguntándose si a Dios todavía le importaba su situación.

Tal vez usted está experimentando un tiempo en su vida cuando se siente completamente solo. Su futuro es poco prometedor y no puede recordar cuándo fue la última vez que realmente se rió. Su alma se siente como un arbusto seco en el desierto y no sabe dónde encontrar ayuda.

A riesgo de sonar como un predicador, ¿puedo ofrecerle algunas cuantas palabras de esperanza?

Es preciso que sepa que aunque se sienta solo, en realidad no está solo. Dios le ve y escucha su llanto. Él le ayudará y cambiará su lamento en baile. Las noches son largas, pero Dios le sostendrá y le restaurará. Él le verá mientras pasa por el desolador desierto de Beerseba. Va a sentirse bien de nuevo y mucho más pronto de lo que usted piensa.

Si usted se identifica con Agar, no se desanime.

Cuando su vida se haya recuperado de este tiempo tan oscuro, la fortaleza que habrá obtenido compensarán esos días tan terriblemente difíciles. Mientras tanto, permítame repetírselo: por favor, sepa que Dios no le ha dejado solo. Al igual que Agar, quien estaba llorando de desesperación mientras el muchacho estaba muriendo de sed, Dios escuchó el lamento de ambos. Dios sabe que usted está atrapado entre un remordimiento profundo y una amargura que le carcome. Él entiende su situación y nunca va a dejarle solo.

REFLEXIONE

¿Qué cosas le ha dado a usted Dios que le recuerdan que no está solo? Tome unos momentos para darle gracias a Dios por haber escuchado su llanto.

> *No temas, ya no vivirás avergonzada.*
> *No tengas temor, no habrá más deshonra*
> *para ti. [. . .] Pues el SEÑOR te llamó*
> *para que te libres de tu dolor.*

> ISAÍAS 54:4, 6

EL MAYOR SACRIFICIO

*Dios quiere que lo amemos más de
lo que Abraham amó a Isaac.*

WATCHMAN NEE

«¡Abraham!» lo llamó Dios. [. . .]
«Toma a tu hijo, tu único hijo —sí,
a Isaac, a quien tanto amas— y
vete a la tierra de Moriah. Allí lo
sacrificarás como ofrenda quemada,
sobre uno de los montes, uno que
yo te mostraré».

GÉNESIS 22:1-2

Algunos años después de haber recibido a Isaac, como Dios le había prometido, había llegado el tiempo de que la fe de Abraham fuera puesta a prueba: la prueba por excelencia, la mayor prueba de todas. Dios es, por supuesto, omnisciente y no pone a prueba a nadie para ver cómo responde la fe de la persona en circunstancias muy difíciles; Él prepara las pruebas de nuestra fe para mostrarnos a *nosotros* lo que Él ha producido en nosotros últimamente.

A estas alturas en el camino de fe de Abraham, su fe fue puesta a prueba con un mandato inusual e inesperado. Dios le dijo: «Toma a tu hijo, tu único hijo —sí, a Isaac, a quien tanto amas— y vete a la tierra de Moriah. Allí lo sacrificarás como ofrenda quemada, sobre uno de los montes, uno que yo te mostraré» (Génesis 22:2).

Cuando Abraham e Isaac llegaron al lugar que Dios le había indicado, Abraham construyó un altar. Debió haberle parecido que él estaba tendiendo las sábana sobre un lecho de muerte. El fiel padre miró a su hijo y con calma le dijo: «Acuéstate sobre el altar, Isaac».

En el instante final, Dios intervino y proveyó un carnero para ser sacrificado en lugar de Isaac. Pero ese día Abraham pasó la prueba definitiva.

El Señor permitió que se desarrollara este drama para demostrar la fe absoluta del patriarca —tanto para Abraham mismo como para todo el mundo en general.

Piense en la provisión que usted necesita y que solamente Dios puede proveer. ¿Qué es lo que realmente necesita del Señor? Siga el ejemplo de Abraham. No se atreva a decirle al Señor lo que Él debe hacer por usted y no pierda tiempo tratando de adivinar cómo suplirá Dios su necesidad. Simplemente confíe en Dios. Acepte lo que sea que el Señor decida proveerle, sin tener en cuenta lo poco probable o inusual que pueda ser. Mientras tanto, usted puede descansar en el amor inagotable y en el carácter justo y perfecto de Dios.

REFLEXIONE

¿Qué es lo que usted atesora más en esta tierra?

¿Cómo respondería si Dios le pidiera que le entregara esa persona o esa cosa a Él?

> *Fue por la fe que Abraham ofreció a Isaac en sacrificio cuando Dios lo puso a prueba.*
>
> HEBREOS 11:17

MÁS ALLÁ DE
LO ESPERADO

———

*Padre, ansío conocerte, pero mi cobarde corazón
teme dejar a un lado sus juguetes. [. . .] Te
ruego que arranques de mi corazón todo eso
que ha sido tantos años parte de mi vida,
para que Tú puedas entrar y hacer Tu morada
en mí sin que ningún rival se te oponga.*

A. W. TOZER

———

El SEÑOR dice: Ya que me has obedecido y no
me has negado ni siquiera a tu hijo, tu único
hijo, juro por mi nombre que ciertamente te
bendeciré. Multiplicaré tu descendencia hasta
que sea incontable, como las estrellas del cielo
y la arena a la orilla del mar. [. . .] Mediante tu
descendencia, todas las naciones de la tierra serán
bendecidas. Todo eso, porque me has obedecido.

GÉNESIS 22:16-18

Mientras Abraham e Isaac iban hacia la montaña, antes de que Abraham supiera la forma en que Dios iba a intervenir, él le aseguró a su hijo que Dios proveería para el sacrificio. Ciertamente, Dios proveyó un carnero: «Abraham levantó los ojos y vio un carnero que estaba enredado por los cuernos en un matorral. Así que tomó el carnero y lo sacrificó como ofrenda quemada en lugar de su hijo. Abraham llamó a aquel lugar Yahveh-jireh (que significa "el Señor proveerá")» (Génesis 22:13-14). Una traducción más literal de la expresión hebrea *Yahveh-jireh* sería «el Señor se encargará».

El Señor espera mucho de los que afirman confiar en Él. La severidad y los peligros de la fe deben inspirar temor, porque de lo contrario no sería realmente fe. Sin embargo, Dios no es solamente justo; Él se deleita en sorprendernos al exceder lo que esperamos recibir. Dios recompensa la fe que se arriesga con bendiciones que van más allá de lo que podemos imaginar.

Este fue el caso de Abraham. En cuanto a sus descendientes, ellos en verdad son innumerables. Hasta ahora, Dios ha preservado a Su pueblo, Israel, con grandes planes para su futuro. ¿Por qué?

Porque el Señor cumple Sus promesas y al hacerlo excede nuestras esperanzas.

Reflexione

¿De qué forma ha provisto Dios para usted más allá de lo que esperaba? ¿En qué situaciones está esperando que Dios le provea ahora mismo?

> *Y ahora, que toda la gloria sea para Dios, quien puede lograr mucho más de lo que pudiéramos pedir o incluso imaginar mediante su gran poder, que actúa en nosotros.*

EFESIOS 3:20

COMPAÑEROS
DE VIAJE

---

*La vida cristiana no es solamente
un asunto privado suyo.*

JOHN R. W. STOTT

A la edad de ciento veintisiete años,
Sara murió [. . .] en la tierra de
Canaán. Allí Abraham hizo duelo y
lloró por ella.

GÉNESIS 23:1-2

Durante la primera parte de su vida juntos, Abraham y Sara adoraron a muchos dioses. Sin embargo, un día recibieron la visita del único Dios y Creador verdadero que les dijo lo siguiente: «Los he elegido a ustedes para que sean Mis modelos de fe. A través de Mi relación con ustedes y con sus descendientes, voy a redimir al mundo del pecado y de la maldad».

Entonces el Señor los hizo dejar la vida cómoda y rutinaria que disfrutaban. Desde ese momento en adelante, aprendieron a depender completamente de Dios para su protección y provisión. En ese tiempo Abraham tenía setenta y cinco años de edad y Sara tenía sesenta y cinco. Ellos habían estado casados unos cincuenta años antes de iniciar su jornada de fe.

La pareja salió para llegar a un destino que Dios todavía no les había revelado. No sabían hacia dónde iban y tampoco tenían un mapa o un sistema de posición global (GPS) que les guiara. Este hombre y su esposa viajaron estrictamente por fe. Después de cincuenta años de matrimonio, su estilo de vida cambió totalmente. Dios los llamó para vivir como nómadas, tanto en lo físico como en lo espiritual. Iban a vivir en una tierra que todavía no les pertenecía, a fin de poder establecer su hogar permanente confiando en el cuidado fiel de Dios.

Esta historia llega a ser aún más notable cuando nos fijamos en el hecho de que Abraham y Sara no eran unos recién casados cuando comenzaron su vida como nómadas. Abraham y Sara se aventuraron a arriesgarse en lo desconocido cuando ya pasaban de la edad mediana o madura.

Ellos pasaron juntos por muchas pruebas y dificultades; a veces fracasaron y otras veces salieron victoriosos. Finalmente, después de ciento doce años de matrimonio, el viaje de fe de Sara terminó. Ella murió y su fe se hizo evidente.

Ya sea que usted esté casado o no, todos nosotros necesitamos personas que caminen a nuestro lado en nuestra jornada de fe. Dios nos ha diseñado para que vivamos en comunidad y no para que viajemos solos.

REFLEXIONE

¿Qué compañeros de viaje caminan con usted en su jornada de fe? Agradézcale a Dios por esas personas y busque formas en que se puedan apoyar mutuamente a lo largo del camino.

Alguien que está solo puede ser atacado y vencido, pero si son dos, se ponen de espalda con espalda y vencen; mejor todavía si son tres, porque una cuerda triple no se corta fácilmente.

ECLESIASTÉS 4:12

CONFIRMACIÓN

Es mejor, con los ojos cerrados, seguir a Dios como
nuestro guía, que, al confiar en nuestra propia
prudencia, caminar sin rumbo por esos caminos
tortuosos que han sido dispuestos para nosotros.

JOHN CALVIN

«Oh Señor, Dios de mi amo,
Abraham —oró—. Te ruego que
hoy me des éxito y muestres amor
inagotable a mi amo, Abraham. [. . .]
Mi petición es la siguiente: yo le diré
a una de [estas jóvenes]: "Por favor,
deme de beber de su cántaro"; si ella
dice: "Sí, beba usted, ¡y también daré
de beber a sus camellos!", que sea
ella la que has elegido como esposa
para Isaac».

GÉNESIS 24:12, 14

ABRAHAM ESTABA envejeciendo y supo que era tiempo de encontrar a la esposa adecuada para Isaac. Para realizar esta tarea de tanta importancia, Abraham eligió a Eliezer, que era su siervo de más confianza. Esta tarea era tan importante que él no se la iba a confiar a ninguna otra persona. «Jura por el SEÑOR, Dios del cielo y de la tierra, que no dejarás que mi hijo se case con una de esas mujeres cananeas. En cambio, vuelve a mi tierra natal, donde están mis parientes, y encuentra allí una esposa para mi hijo Isaac» (Génesis 24:3-4).

Eliezer sabía que la tarea que le habían dado era muy importante, así que su primera respuesta fue saturar el proceso en oración. Le pidió al Señor que le diera una señal clara que le mostrara cuál era la esposa que Dios había elegido para Isaac.

Podemos aprender algo de Eliezer cuando tenemos que tomar grandes decisiones. No obstante, debo decir que no recomiendo que se le pongan pruebas específicas o parámetros al Señor. Esa no es la forma en que Dios opera hoy en día. Eliezer no tenía la ventaja de contar con la Escritura o con la guía interior del Espíritu Santo. Sin embargo, tenía la promesa de Abraham de que Dios lo iba a guiar en manera sobrenatural.

Naturalmente, el Señor contestó la oración de

Eliezer. Una joven llamada Rebeca llegó al pozo y sacó agua para Eliezer y para los camellos de él. Ella era la elegida por Dios para Isaac, lo que fue confirmado con esa señal. Aunque Dios no nos dé hoy señales tan evidentes, Él nos guía por medio de Su Palabra y con la guía del Espíritu Santo. Nuestra tarea es pedirle y luego escuchar.

REFLEXIONE

¿Cuándo en su vida ha percibido la clara dirección de Dios? ¿Cómo puede usted estar más en sintonía con la guía del Señor?

Cuando venga el Espíritu de verdad, él los guiará a toda la verdad.

JUAN 16:13

DISPUESTOS A IR

Fe es subir el primer peldaño cuando
usted no ve la escalera completa.

MARTIN LUTHER KING JR.

«Llamaremos a Rebeca y le
preguntaremos qué le parece a ella».
Entonces llamaron a Rebeca. «¿Estás
dispuesta a irte con este hombre?»
le preguntaron. «Sí —contestó—, iré».

GÉNESIS 24:57-58

En respuesta a la oración de Eliezer, el siervo de Abraham, el Señor lo dirigió a una mujer que pertenecía a la familia de Abraham, una mujer de carácter notable que adoraba al único y veradero Creador. Además de eso, era muy hermosa. Todo parecía estar dando resultado, excepto. . . ¿Estaría Rebeca dispuesta a viajar ochocientos kilómetros desde el lugar que le era familiar para casarse con un desconocido?

Era una decisión muy importante, así que la familia propuso que tomaran unos diez días para hablar del asunto. No obstante, el siervo insistió en regresar de inmediato, porque tenía la certeza de que la mano de Dios lo estaba guiando. Así que le preguntaron a Rebeca. Sin vacilación, ella respondió: «Sí, iré».

Ella nunca había visto a Isaac. Había conocido al siervo solamente unas pocas horas antes. Sin embargo, había escuchado lo suficiente como para saber que el Señor, en forma soberana, había arreglado el matrimonio de ella. No pasó mucho tiempo para que ella, junto con algunas de sus siervas, estuvieran viajando hacia el sur para conocer al hombre que sería su esposo.

De muchas formas, Rebeca demostró la misma clase de fe que tuvo su difunta suegra cuando salió de Ur con Abraham. Al igual que Sara, Rebeca dejó su vida estable y cómoda entre su familia para convertirse en nómada junto a su esposo. Se comprometió a vivir una vida de fe, sin saber adónde la llevaría o lo que podría encontrar a lo largo del camino.

Tal vez haya algún lugar adonde usted percibe que Dios le esté llamando en este momento. Tal vez no tenga toda la información completa; no conoce todos los detalles; es posible que nunca haya visto a la gente con la cual va a convivir. No obstante, si la mano de Dios está en esto, usted puede confiar en la fidelidad del Señor. Usted puede decir sí, a pesar de lo desconocido.

REFLEXIONE

¿A qué cree usted que Dios le esté llamando a realizar en este punto de su jornada de fe? ¿Cuál es el primer paso que puede dar hoy?

> *Entrega al SEÑOR todo lo que haces;*
> *confía en él, y él te ayudará.*
>
> SALMO 37:5

NUNCA ES
DEMASIADO
TARDE

———

Envejecer no es todo decadencia; es la maduración,
el desarrollo de la nueva vida interior, la
que marchita y revienta el cascarón.

GEORGE MACDONALD

———

Abraham vivió ciento setenta y cinco
años, y murió en buena vejez, luego
de una vida larga y satisfactoria.

GÉNESIS 25:7-8

¿Ha PENSADO ALGUNA vez en cómo esperaría morir? No estoy hablando necesariamente del día de su muerte; lo que en realidad le pregunto es cómo piensa vivir hasta que muera. ¿Cuál será la condición de su mente y de su corazón cuando le llegue la hora de morir? ¿Cómo va a pasar los días antes de dar su último suspiro?

Es trágico, pero mucha gente muere antes de dar su último suspiro. Ya no buscan todo el gozo, el propósito y el placer que la vida tiene para ellos. Nuestra meta debería ser no envejecer. No quiero decir viejos en el sentido cronológico, sino en cuanto a nuestra actitud.

Esa clase de personas ancianas tienden a compartir varias características que les son comunes. La primera de ellas es el *narcisismo*: «Todo se trata de mí». Es una forma de pensar muy egoísta que lo que dice es: «Me he ganado el derecho a sentirme desdichado». El hecho es que la vida es un regalo; y qué privilegio es vivirla.

El narcisismo lleva al *pesimismo*. El pesimista es alguien que se queja y piensa: «No tengo nada que contribuir. Mi pasado carece de sentido y mi futuro es muy poco prometedor».

El pesimismo lleva al *fatalismo*. El fatalista vive con la muerte como su destino final. «Lo único que tengo por delante es la tumba o una urna». El pesimista no ve nada interesante o importante en el horizonte y no tiene sentido de propósito.

Cuando Abraham enfrentó la última parte de su vida, no desplegó ninguna de esas características. Después de unos ciento doce años de matrimonio, falleció su amada Sara. Sin embargo, él sabía que la vida y la muerte están en las manos de Dios, no en las nuestras. Así que el anciano patriarca permaneció firme.

En el segundo acto de su vida, Abraham continuó viviendo plenamente. Espero que esta negativa a envejecer haga que usted le pregunte al Señor: «¿Qué futuro tienes para mí?».

Reflexione

¿Lucha usted con el narcisismo, el pesimismo o el fatalismo? ¿En qué verdades se puede apoyar cuando le llegan esas luchas?

> *Avanzo hasta llegar al final de la carrera*
> *para recibir el premio celestial al cual*
> *Dios nos llama por medio de Cristo Jesús.*
>
> FILIPENSES 3:14

DAR MIENTRAS ESTÁ CON VIDA

---

*El que espera hacer una gran cantidad
de bien a la vez, nunca hará nada.*

SAMUEL JOHNSON

Abraham le dio todo lo que poseía
a su hijo Isaac; pero antes de morir
les hizo regalos a los hijos de sus
concubinas y los separó de su hijo
Isaac, enviándolos a una tierra en
el oriente.

GÉNESIS 25:5-6

Antes de morir, Abraham proveyó para las necesidades de todos sus hijos, estableciendo financieramente a cada uno de ellos para que pudieran salir del nido y comenzar sus propias familias. Es evidente que había aprendido del error que cometió con Ismael y Agar, a quienes había echado de su casa sin la provisión adecuada.

Hace muchos años, un experto en planes financieros que es creyente, nos convenció a mi esposa Cynthia y a mí de que deberíamos compartir lo que tenemos para dejar una herencia *antes* de morir. A él le gustaba citar el antiguo refrán que dice: «Dar mientras está con vida, le hará saber dónde lo que dio termina». ¿Por qué esperar hasta morir para que sus descendientes y otros puedan disfrutar de lo que usted ha ganado y ahorrado?

Abraham eligió dar mientras estaba vivo y ayudó a los seis hijos que tuvo con Cetura para que se independizaran; y también ayudó a Ismael con sus necesidades. Puesto que Abraham era muy rico, pudo dejar una gran fortuna en las manos de Isaac, quien heredó el resto de los bienes de su padre.

Yo creo que el llevar a cabo esos planes sabios fue una de las razones por la cual Abraham pudo vivir en paz sus días finales: «[Abraham] murió en buena vejez, luego de una vida larga y satisfactoria. Dio su último suspiro y se reunió con sus antepasados al morir» (Génesis 25:8).

La palabra traducida *satisfactoria* viene del vocablo hebreo *sahbah*, que significa literalmente «estar lleno». Abraham murió con una gran sonrisa. Vivió muchos años; recibió muchas satisfacciones y estuvo lleno de contentamiento. Cuando miraba a los ojos a sus hijos y a sus nietos, podía tratar con ellos sin una conciencia culpable. Dio de sí mismo y compartió sus recursos.

REFLEXIONE

¿Está experimentando el gozo de compartir lo que tiene mientras todavía vive, tal como hizo Abraham? Si no es así, ¿cuáles son los primeros pasos que puede dar para hacerlo?

> *Ahora voy a visitarlos por tercera vez y no les seré una carga. No busco lo que tienen, los busco a ustedes mismos. Después de todo, los hijos no mantienen a los padres. Al contrario, son los padres quienes mantienen a sus hijos.*
>
> 2 CORINTIOS 12:14

UN BUEN FINAL

Cada strike *me acerca más al próximo* jonrón.

BABE RUTH

[Abraham] dio su último suspiro y se
reunió con sus antepasados al morir.
Sus hijos Isaac e Ismael lo enterraron
en la cueva de Macpela, cerca de
Mamre, en el campo de Efrón, hijo
de Zohar el hitita.

GÉNESIS 25:8-9

No llore por Abraham. No lamente su muerte. No sufra porque ha partido. ¡Regocíjese! Celebre su vida. Fíjase en lo que hizo con su vida durante sus años finales en la tierra.

Siempre he dicho que la historia de Abraham es nuestra historia. Esta narración en particular, la cual describe que murió sintiéndose un hombre satisfecho, nos muestra por lo menos dos secretos valiosos de cómo tener un buen final en la tierra. Uno de ellos tiene que ver con ser fiel, el otro con ser diligente.

El primer secreto: *fielmente recuerde que cada día ofrece oportunidades para mantenerse joven de corazón.*

Cada mañana usted despierta con una nueva oportunidad de vivir bien ese día, de ver las siguientes veinticuatro horas como una serie de elecciones. El Señor le ha concedido una parte muy grande en cuanto a cómo vivirá el día. Elija tener una actitud positiva. Elija buscar y enfocarse en cosas buenas. Elija enfrentar las oportunidades que se le presenten con la esperanza de que van a suceder cosas buenas. Elija dejar de lado lo que usted espera y reciba con agradecimiento lo que Dios quiere hacer. Elija vivir en un estado de sorpresa constante al dejar de lado su propia voluntad y permitir que la voluntad de Dios tome su curso.

El segundo secreto: *diligentemente rehuse a rendirse.*

Determine que no va a dejar de vivir hasta que alguien le ponga un espejo debajo de la nariz y el espejo no se empañe. Nunca abandone la lucha. Nunca desista.

Un biógrafo del jugador de béisbol Satchel Paige, escribió lo siguiente: «Toda su vida había escuchado que la vida de los negros vale menos que la vida de los blancos y cuando los periodistas le preguntaban su edad, él bromeaba con ellos, agregándose o quitándose años, y luego les preguntaba: "¿Qué edad tendrían ustedes si no supieran la edad que tuvieran?"».

Esa es una pregunta que nos hace pensar, ¿no es verdad? Así que, ¿qué edad tiene usted?

REFLEXIONE

¿Qué significaría para usted permanecer joven de corazón? ¿Hay alguna actividad en su vida que ha abandonado pero que debe volver a realizar con renovada pasión?

No nos cansemos de hacer el bien. A su debido tiempo cosecharemos numerosas bendiciones si no nos damos por vencidos.

GÁLATAS 6:9

AMIGO DE DIOS

———

La oración no es otra cosa más que estar en buenos términos de amistad con Dios.

TERESA DE ÁVILA

———

Y así se cumplió lo que dicen las Escrituras: «Abraham le creyó a Dios, y Dios lo consideró justo debido a su fe. Incluso lo llamaron "amigo de Dios"».

SANTIAGO 2:23

E N LAS ESCRITURAS no ocurren a menudo inter-
cambios directos entre Dios y una persona.
No obstante, en la vida de Abraham, su intercambio con Dios es en la forma de un verdadero diálogo,
una conversación entre amigos. Pero no se equivo-
que —mientras que ambos compartían este libre
intercambio notable, Dios no llegó a ser el «cuate»
de Abraham. Abraham nunca perdió respeto por la
maravillosa y santa omnipotencia de Dios; después
de todo, él construyó más de un altar con el propósito de ofrecer sacrificios al Dios que adoraba.

Hoy en día, en el Medio Oriente, algunas personas se refieren a Abraham como *Khalil Allah*,
que significa «amigo de Dios», o simplemente *El
Khalil*, «el amigo». Se le da ese nombre no porque
Abraham hubiera elegido ser amigo de Dios —en
realidad fue lo opuesto—, o porque la bondad
moral del patriarca hubiera ganado el corazón de
Dios. Después de todo, Abraham era una persona
ignorante, politeísta igual que sus contemporá-
neos, cuando Dios lo llamó en Ur. Abraham lleva
ese título de honor porque Dios le concedió todas
las bendiciones que van con la amistad y, por fe,
él las recibió.

El apóstol Pablo escribe: «Ya que fuimos decla-
rados justos a los ojos de Dios por medio de la fe,

tenemos paz con Dios gracias a lo que Jesucristo nuestro Señor hizo por nosotros» (Romanos 5:1). Debido a que Jesucristo, el Hijo de Dios, ha satisfecho todos los requisitos de moralidad en favor de nosotros y porque Él ha sufrido las consecuencias de nuestro fracaso moral, podemos legítimamente llamar a Dios nuestro Amigo. Lo que es más, disfrutamos los mismos beneficios de amistad divina que recibió Abraham.

REFLEXIONE

¿Qué bendiciones conlleva el ser amigos de Dios?

¿En qué forma cambia su perspectiva cuando se da cuenta de que Dios lo ha elegido a usted para que sea Su amigo?

> *Pues, como nuestra amistad con Dios*
> *quedó restablecida por la muerte de*
> *su Hijo cuando todavía éramos sus*
> *enemigos, con toda seguridad seremos*
> *salvos por la vida de su Hijo.*
>
> ROMANOS 5:10

MÁS ALLÁ DE SU ZONA DE COMODIDAD

---

*Si estamos creciendo, siempre vamos a estar
fuera de nuestra zona de comodidad.*

JOHN MAXWELL

Fue por la fe que Abraham obedeció
cuando Dios lo llamó para que dejara
su tierra y fuera a otra que él le daría
por herencia.

HEBREOS 11:8

Hebreos 11 ha sido llamado «el salón de la fama de la fe», y hay una buena razón para ese nombre. Comenzando con una de las primeras personas en la tierra, el autor bosqueja la cualidad esencial de la fe a través de la historia hebrea, señalando a diez hombres y mujeres de fe. Abraham recibe un tratamiento más extenso en que el autor de Hebreos sigue la trayectoria espiritual del patriarca, señalando sus momentos cumbre, sus caídas y su recuperación. En un espacio corto, Abraham es analizado y encontrado digno de ser imitado.

El autor comienza su evaluación de los acontecimientos destacados de la vida de Abraham con las siguientes palabras: «Fue por la fe que Abraham. . .». Las palabras «por la fe» son la parte más importante de la historia de Abraham. Él respondió basándose en la fe, no porque pudiera ver lo que había por delante, no porque tuviera una página impresa de lo que pasaría en el futuro, no porque pudiera calcular lo que le producirían sus inversiones en esa aventura. «Fue por la fe» significa que de buena voluntad cambió todo lo que conocía por lo desconocido, y todo porque confió en Dios.

Grandes recompensas le esperan si usted

obedece a Dios sin conocer todos los detalles. Este es un principio que Dios quiere que experimenten Sus seguidores. Aprender a confiar en el Señor es como hacer un viaje paso a paso. La fe aumenta cuando tenemos fe. Cuando confiamos, recibimos bendiciones inesperadas. Esto fortalece nuestra confianza y nos inspira a confiar en Dios nuevamente al dar el siguiente paso.

Dios quiere que crezcamos en fe, no solamente porque lo necesitamos a Él, sino también porque es bueno para nosotros. Nos permite extendernos al límite, dejando nuestra zona de comodidad. *Muchísimo* más allá de los límites de comodidad. Necesitamos conocer la experiencia de intentar hacer lo que jamás hemos hecho antes. Necesitamos saber que, con la ayuda de Dios, podemos emprender cualquier desafío y correr el riesgo de hacer algo que pensábamos que no podíamos hacer. Debemos saber que cuando Dios nos llama a una tarea, Él nos dará todo lo que necesitamos para tener éxito.

Reflexione

¿Cuándo le ha llamado Dios a hacer algo fuera de la zona en que se siente cómodo? ¿Qué recompensas y bendiciones recibió como resultado?

Abraham esperó con paciencia y recibió
lo que Dios le había prometido.

HEBREOS 6:15

CREA EN LAS PROMESAS DE DIOS

Creer significa tener una convicción firme. . . no esperar que sea verdad.

MAX LUCADO

Incluso cuando [Abraham] llegó a la tierra que Dios le había prometido, vivió allí por fe, porque era como un extranjero que vive en carpas.

HEBREOS 11:9

E N EL LIBRO DE HEBREOS, Abraham es alabado por creer las promesas de Dios.

Dios llamó a Abraham para que se mudara a un lugar donde él no conocía a nadie. No tenía una residencia permanente donde vivir, tampoco una comunidad que pudiera apoyarlo, ni nadie a quién recurrir en tiempos de dificultad. Cuando salió de Ur, él dejó la seguridad de un lugar de residencia permanente. Abraham pudo vivir separado de comunidades establecidas y seguras solamente porque «esperaba con confianza una ciudad de cimientos eternos» (Hebreos 11:10).

Él se sintió alentado también por la promesa que le hizo Dios de darle un hijo. Muchos años después de Abraham, el apóstol Pablo hizo referencia a la habilidad de Abraham de soportar circunstancias difíciles y de permanecer obediente esperando a través de los años: «Y la fe de Abraham no se debilitó a pesar de que él reconocía de que, por tener unos cien años de edad, su cuerpo ya estaba muy anciano para tener hijos, igual que el vientre de Sara» (Romanos 4:19).

Ya fuera que estuviera viviendo en una carpa en una tierra extranjera o estuviera desafiando las posibilidades de tener un hijo, Abraham creyó en la promesa. Él creyó lo que Dios le había dicho.

¿Cree usted lo que dice Dios? Si Él dice algo en Su Libro, ¿busca usted maneras de esquivar el asunto y de racionalizar la forma de no hacer eso, o ve lo que Dios le ordena hacer como una oportunidad personal de vivir por fe? No permita que la dificultad que pueda tener una elección le impida aceptar el desafío de hacer lo que Él le pide que haga. No permita que lo difícil que le parezca una situación le impida confiar en Dios. A menudo las dificultades parecen muchas, o para decirlo de otra forma, a veces usted se puede encontrar desorientado frente a tremendas dificultades. Las personas que viven por fe no se basan en probabilidades o en estadísticas. Cuando Dios dice: «¡Ve!» las personas que tienen fe no pierden el tiempo calculando las ventajas o las probabilidades. Obedecen las instrucciones de Dios y rehúsan vivir al borde del temor.

REFLEXIONE

¿Cómo responde usted cuando Dios le dice: «¡Ve!»?

¿En qué promesas necesita apoyarse hoy?

Abraham siempre creyó la promesa de Dios sin vacilar. [. . .] Estaba plenamente convencido de que Dios es poderoso para cumplir todo lo que promete.

ROMANOS 4:20-21

LA PRÓXIMA
GENERACIÓN

Lo que usted deja en este mundo no es lo que
está grabado en monumentos de piedra, es lo que
está entretejido en la vida de otras personas.

PERICLES

Y ahora que pertenecen a Cristo, son
verdaderos hijos de Abraham. Son
sus herederos, y la promesa de Dios
a Abraham les pertenece a ustedes.

GÁLATAS 3:29

LA BIBLIA DESCRIBE A SUS héroes tal como eran, con sus virtudes y defectos, como personas reales con defectos reales. Por lo tanto, Abraham se vuelve real, no a pesar de sus flaquezas, sino debido a ellas. Al igual que el resto de la gente, él tenía debilidades. Algunas de ellas nos pueden desilusionar cuando las consideramos, pero ellas nos ayudan a ver al hombre completo. Además, esas debilidades nos ayudan a lidiar con las nuestras.

Una de las debilidades de Abraham fue que él recurría al engaño cuando su vida se veía amenazada. Cuando estuvo en Egipto durante el tiempo de hambruna, le mintió al Faraón para salvar su vida diciéndole que Sara era su hermana. Es más, aunque esa trama no le resultó bien, ¡usó esa misma mentira varias veces años más tarde!

Ya sea que este rasgo feo haya sido heredado genéticamente o aprendido con el ejemplo, Isaac imitó a su padre. Muchos años más tarde, después de la muerte de Abraham, Isaac se fue a vivir cerca de Gerar, que era una ciudad filistea. «Cuando los hombres que vivían allí le preguntaron a Isaac acerca de Rebeca, su esposa, él dijo: "Es mi hermana". Tenía temor de decir: "Ella es mi esposa" porque pensó: "Me matarán para conseguirla, pues es muy hermosa"» (Génesis 26:7).

Esto nos suena familiar, ¿no es verdad?

Si usted tiene hijos, comparta sus errores del pasado con ellos para ayudarlos a aprender de sus propios fracasos. Ellos no van a pensar menos de usted; lo admirarán por ser auténtico. Se sentirán más cerca de usted. Su humildad hará que ellos se acerquen más a usted y les dará el valor de confesarle las luchas que ellos enfrentan.

Al igual que con Abraham, Dios nos puede usar para Sus propósitos a pesar de nuestras fallas. Así como este gran patriarca, nosotros también podemos pasar un legado de fe a la siguiente generación.

REFLEXIONE

¿Qué legado le gustaría a usted dejar a la próxima generación? ¿Cómo puede lograr que su vida sea un ejemplo de fe para los demás?

> *No les ocultaremos estas verdades a nuestros hijos; a la próxima generación le contaremos de las gloriosas obras del SEÑOR, de su poder y de sus imponentes maravillas.*
>
> SALMO 78:4

Acerca del autor

Charles R. Swindoll ha dedicado su vida a la enseñanza práctica y a la aplicación de la Palabra de Dios y de Su gracia. Como pastor de corazón, Chuck ha servido en iglesias en Texas, Massachusetts y California. Desde 1998, cuando fundó la iglesia Stonebriar Community Church en Frisco, Texas, ha servido como pastor principal de esa congregación, pero su audiencia se extiende más allá de esa iglesia local. Desde el año 1979, su programa radial *Insight for Living* (*Visión Para Vivir*) se transmite en estaciones cristianas alrededor del mundo, alcanzando a muchas personas de distintos idiomas. El extenso ministerio de escritura del pastor Chuck sirve al cuerpo de Cristo alrededor del mundo. Su liderazgo como presidente y ahora rector honorario del Seminario Teológico de Dallas ha ayudado a preparar y equipar a una nueva generación de hombres y de mujeres para el ministerio. Chuck y su esposa, Cynthia, quien participa con él en el ministerio, tienen cuatro hijos adultos, diez nietos y cuatro bisnietos.

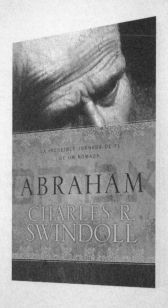